W9-AFD-529

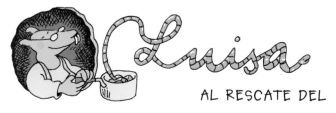

Luisa

AL RESCATE DEL

PLANETA

DIRECCIÓN EDITORIAL: Patricia López
COORDINACIÓN DE LA COLECCIÓN: Karen Coeman
CUIDADO DE LA EDICIÓN: Pilar Armida y Obsidiana Granados
DISEÑO DE PORTADA: Maru Lucero
FORMACIÓN: Erre con Erre Diseño
TRADUCCIÓN: Glenn Gallardo

Luisa al rescate del planeta

Título original: *Louisette la taupe tri… patouillage*

Texto e ilustraciones D. R. © 2009, Bruno Heitz

Editado por Ediciones Castillo por acuerdo con Éditions Casterman SA,
Bruselas, B-1000 Bélgica.

PRIMERA EDICIÓN: octubre de 2009
SEXTA REIMPRESIÓN: octubre de 2014
D. R. © 2009, Ediciones Castillo, S. A. de C. V.
Castillo ® es una marca registrada
Insurgentes Sur 1886, Col. Florida,
Del. Álvaro Obregón,
C. P. 01030, México, D. F.

Ediciones Castillo forma parte
del Grupo Macmillan

www.grupomacmillan.com
www.edicionescastillo.com
infocastillo@grupomacmillan.com
Lada sin costo: 01 800 536 1777

Miembro de la Cámara Nacional
de la Industria Editorial Mexicana.
Registro núm. 3304

ISBN: 978-607-463-088-6

Impreso en México / *Printed in Mexico*

Impreso en los talleres de
Impresos Santiago, S. A. de C. V.
Trigo 80-A, Col. Granjas Esmeralda,
Delegación Iztapalapa, C. P. 09810, México, D. F.
Octubre de 2014.

Bruno Heitz

Luisa

AL RESCATE DEL

PLANETA

Castillo de la lectura

TOC, TOC

SPLISH SPLASH

¡Ay mapache, cómo te tardas en abrir!

Perdón, es que me estaba bañando.

Ése es precisamente el problema: ¡te bañas MUY SEGUIDO!

¿MUY SEGUIDO? ¡Pero si mi mamá siempre me ha dicho que nunca estaré demasiado limpio!

8

¿Y nunca te ha dicho, querido mapache, que debes ahorrar agua?

¿Y que los recursos de la Tierra no son inagotables?

AHORRAR.
Mi mamá siempre me ha dicho que debo ahorrar.

¡Vaya! Parece que ahora sí entendió.

Después de un par de días lluviosos, mi despensa por fin está seca.

¡No se trata de **ALMACENAR** agua, sino de usar sólo la necesaria!

En ese caso, desde ahora sólo beberé jugo de frutas. Mi mamá dice que las frutas...

¡!

¡Tu caso es realmente grave! ¡Ven, vamos a ver a Luisa!

Ya tenemos agua, pero nuestro amigo necesita una lección sobre el medio ambiente.

¿Ves esta bola, mapache? Es la Tierra, nuestro planeta. No va a producir por siempre los recursos que utilizamos.

No es muy grande, ¿verdad? Es casi del tamaño de un balón de futbol.

Por eso debemos ahorrar energía, cuidar nuestro consumo de agua, separar la basura inorgánica de la orgánica para reciclarla...

¿Reci qué?

¡RECICLARLA! Este bote de basura es para el papel y el cartón, que son reciclables.

¡Reciclar ayuda a proteger los bosques!

En esta bolsa, pongo el plástico que, al ser reciclado...

... se transforma en fibras que sirven, por ejemplo, para hacer suéteres.

13

El metal de las latas...

... se funde para elaborar nuevos objetos, ¡y así tiene una segunda vida!

Después de separar todo, lo llevo allá arriba en una gran bolsa de plástico.

Esto lo hace el miércoles en la noche...

... para que el jueves en la mañana el camión de la basura se la lleve.

Es una lástima que el camión esté un poco viejo.

¿Contamina?

¡Nada es perfecto!

¡Fantástico!
¡Viva el reciclaje!
¡Empezaré ahora
mismo!

Luisa, ya es hora de
irnos.

Es cierto. Debemos
llegar a tiempo a la
conferencia del
puercoespín.
¡Vámonos!

¡Hasta mañana!

¡No olvides
apagar la luz!

¡Adiós!

Tienen razón.
Hay que ser amables con
nuestro pobre planeta.
Yo lo ayudaré.

Mi mamá siempre me
ha dicho que ayudemos
a los más pequeños.

17

21

RRUUMM

Sí, claro.
¡Y de seguro también estaba
tu mapache!

¡Uf! Al menos aquí
estaremos a salvo.

Pero si estás
todo negro, mapache.
¿Qué te pasó?

No es nada. Sólo
fue el humo del escape
de ese   sucio
camión.

Oye, Luisa, debo decirte
que, a pesar de todas
sus metidas de pata, este
bribón merece que
lo perdonemos.

Arriesgó su vida para detener ese camión contaminante.

¡Habría que darle una recompensa!

Aunque no te lo hayas propuesto, por fin ayudaste a proteger el medio ambiente.

¡Pero no quiero que toques mis libros con tus patas sucias!

Anda, ve a darte un baño, mapache.

30

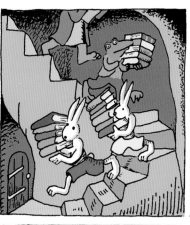